흐르는 강물처럼

창작동네 시인선 144

흐르는 강물처럼

인 쇄 : 초판인쇄 2022년 05월31일
지은이 : 김인녀
펴낸이 : 윤기영
편집장 : 정설연
펴낸곳 : 노트북 출판사
등 록 : 제 305-2012-000048호
본 사 : 서울시 동대문구 사가정로 256-4호 나동B101
전 화 : 070-8887-8233 팩시밀리 02-844-5756
H   P : 010-8263-8233
이메일 : hdpoem55@hanmail.net
판 형 : 신한국판형 P128_130-210

2022.05_흐르는 강물처럼_김인녀 제5시집

정 가 : 10.000원

ISBN : 979-11-88856-44-2-03810

*저자와의 협의로 인지는 생략합니다.
*잘못된 책은 교환해 드립니다.

흐르는 강물처럼

노트북 출판사

목 차

1부. 흐르는 강물처럼

008...흐르는 강물처럼
009...휘파람 소리
010...흰 눈은 사랑입니다
012...허수아비의 눈물
014...허무한 인생
015...행운이란
016...함박눈
017...할배의 꼴망태
018...한가위
020...하얀 눈 내리는 소리
022...하늘같은 선배 사랑
023...폭포
024...폭우
025...태풍
026...코스모스의 눈물
028...추억은 파노라마처럼
030...촛불을 켜세요
031...사랑의 성에꽃
032...질경이
033...지초 합창단의 찬가
034...재회
035...잡초

2부. 잊어버린 고백

038...잊어버린 고백
039...인연
040...인생의 꽃구름
042...인생은 영원한 예술
043...인생은 걸작
044...인생
045...이삭을 줍자
046...이 길
047...이 순간
048...의자의 소망
049...유혹의 강
050...위대한 침묵
052...웃자
053...웃어요
054...우정의 꽃 속에
055...외딴집
056...삶의 언저리에서
057...산
058...오늘도 반짝반짝
060...예쁜 여행
061...영그는 여름 꿈
062...염원의 아우성
063...여름 예찬

3부. 언덕에 서서

066...언덕에 서서
067...어부 같은 삶
068...아침의 다짐
070...안개의 얼굴
071...아침 안개
072...아름다운 우도
074...아름다운 그대
075...실난
076...세월
078...숨은 골짜기
079...소용돌이
080...소꿉놀이
081...석류
082...생일 선물
083...샘물
084...새해 아침에
085...새해
086...새벽빛
087...새날을 연다

4부. 사랑했던 나날들

090...사랑했던 나날들
091...사랑이었네
092...사랑이 용솟음칠 때
093...사랑의 저축은행
094...그대 그리는 밤
095...사랑은 슬프다
096...사람의 덕목
097...빨간 손수건
098...빗속을 걸으며
099...빈집
100...빈 의자
101...부엌의 소묘
102...보석 같은 친구에게
103...보고 싶은 님아
104...별똥 별
105...바람에 띄운 연서
106...별 하나
107...반딧불이
108...밤차
112...해설_김송배 시인
존재의 의미 탐색과 자성의 시혼

1부. 흐르는 강물처럼

강물이 지나가듯이
바위에 부딪혀도
그 밑에는 잔잔한 이야기들이
끊임없이 흘러간다

              흐르는 강물처럼 중

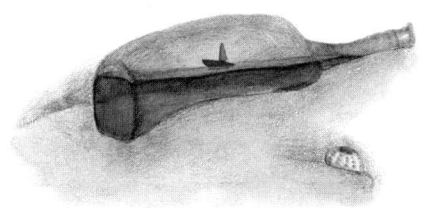

흐르는 강물처럼

우리의 삶은
그리 만만하지 않다
좋은 듯 때로는 힘든 고비가
예기치 않게 앞을 가로막는다

강물이 지나가듯이
바위에 부딪혀도
그 밑에는 잔잔한 이야기들이
끊임없이 흘러간다

욕심도 내고 화도 내며
부질없는 줄 알면서도
꽃잎 따라 웃으면
자신의 상처가 곱게 아문다

침착히 사려하고
행동함이 후회 없으리니
낙엽이 바람에 날리는 날도
삶은 강물처럼 흘러간다

휘파람 소리

꿈 많은 청춘이 짙푸르게 물들 때
그대는 창가에 뜨거운 입김으로
사랑의 신호 휘파람을 날리곤 했었지

누가 알아챌까 봐 발꿈치를 들고
조심조심 문을 열고 나가
그댈 기쁨으로 만났었지

정원 꽃밭 속을 헤매일 때
영혼의 구름다리 건너
그대 따슨 체온으로
온몸은 강물로 철석였지

그대의 휘파람 소리가
사랑 찾아 담 넘어올 때
나는 기뻐서 실신할 것처럼 빠져들었었지

김인녀

흰 눈은 사랑입니다

소리 없이
깨끗하고
맑고 순수한
첫눈이 왔습니다

골목 저편에
아직
기다리고 있는
첫사랑 같은
흰 눈이 왔습니다

시골집
뒤뜰에도
오래된 장독대 위에도
소복소복
하얀 눈이 내렸습니다

그대 품속같이
포근하고
폭신할 것 같은
기다림의 흰 눈
깨끗한 눈이 왔습니다

흰 눈은 설레임
흰 눈은 기다림
흰 눈은 그리움입니다
그리고
흰 눈은 사랑입니다

김인녀

허수아비의 눈물

낟알이 살찌는
들녘에
허름한 옷차림과
핏기 없는 얼굴로
말뚝에 묶여
주인의 곡식을
쪼아 삼키는
참새를 향해
어눌한 몸통을
날린다

야멸찬 참새떼는
허수아비 모양새에
놀라는 듯
도망치는 듯
꼼지락꼼지락
뒤척거리다
다시 날아와
허수아비를
쪼아 댄다

추적이는
질긴 빗줄기에
그늘막 없는
허수아비는
어둔 밤 골목 지나
부는 바람에
젖은 옷깃 말리며
고독에 떤다

한여름
몸은 고단해도
따끈한 햇살 있으나
가을걷이 끝나고
찬 서리 내리면
팔딱이는 계절을
뜨겁게 갈구하며
내동댕이쳐진
찬 밭둑에 묶여
흐느낀다

김인녀

허무한 인생

산 넘고 물 건너
비바람 폭풍도 지나
거침없이 달려온
삶
뼈마디가 시리고
허리가 휘어간다

꽃다운 젊음
어디 가고
푸른 청춘이
하얀 꽃 되어
윤기 없는 인생이
무상으로 흔들린다

세월아
쉬어 가라
무엇이
그리 급하던가
한번 가면
오지 않는 허무한 인생

행운이란

우리의 삶을
고해라고도 하고
홀로 걷는
나그네라고도 한다

그래서
우리는 풍랑을
잘 헤쳐나갈 길을
찾느라 힘쓴다

흙 속의 진주는
파도 파도
눈에 잘 띄지 않고
허공만 보기 일쑤다

우연의 기회는 없고
준비된 사람에게
행운의 미소는
꽃다발처럼 찾아온다

김인녀

함박눈

창가에 가득 드리운 그림자는
어깨 등 머리에 꿈처럼
흰 눈을 잔뜩 지고 날아온다
한 송이 두 송이 내리던
흰 눈송이 차츰차츰
온 하늘을 가득 채우더니
마른 나뭇가지 위에
검은 아스팔트 위에
지나가는 차 위에 하얀 꽃 피운다
함박눈이 먼 산허리에도
흐르는 냇가 풀밭에도
가로등 언저리에도
연인의 숨결처럼 사뿐사뿐
여린 풍년의 내음 따스히 싣고
부푼 가슴 환희에 꿈꾸는
무희가 날아와 너와 나의 이야기 펼친다

할배의 꼴망태

장닭이 첫 회를 치면
희뿌연 창 넘어 처량한 그림자와
대문 여닫는 소리에 동창이 금갈 때

허름한 잠방이 허리춤에 수건 나부랭이와
구부정한 어깨에 걸린 꼴망태가
덜 깬 잠 따라 나선다

논배미 잡풀에 배 터지는 꼴망태는
주워 담은 할배 사랑에 취하고
반질대는 세월에 가슴 에인다

시간 넘어 병든 헛기침 소리에
벽 위에 걸린 꼴망태는 늘어지고
할배의 삶이 고단 처량했다고
주저리주저리 이른다

김인녀

한가위

모두들 즐거운 한가위 보내려
오랜만에 오는 자녀들 친지들
송편도 빚고 갈비 굴비 굽고
엄마는 허리가 시큰거려도
행복한 기색 넘쳐난다

다들 햅쌀밥 맛있다고
버섯전골이 시원하다고
갈비가 씹을 맛이 나고
송편이 달콤하다고
기쁨이 듬뿍 묻어난다

손자뻘 친척 얘기가
할머니 용돈 하시라고
지폐 한 장 손에 쥐여 주는데
그 큰돈 어찌 쓰랴 가슴이 뭉클
덥석 끌어안았다

나는 어릴 적에도
타향에서 공부할 때도
직장에서 잘 나갈 때도
어머니의 그 깊은 마음
헤아리지 못해 죄송할 뿐이다

환히 비추는 보름달 보며
부모님께 사죄드리고
애들의 건강과 행복 듬뿍
주고자 하는 모든 일 다 순탄하고
가내가 화평하고
평안하기를 빌어본다

김인녀

하얀눈 내리는 소리

낮에는 알 수 없는
잡다한 소리들
밤에는 고요 속에
취객들 고함소리
때로는 거친 바람 소리
몸부림치는 혼돈의 소리 끌어안고
하얀 눈이 사근사근 내립니다

그대여 눈 오는 소리를
들어 보았나요
다소곳하고 차분하고
깊은 침묵 속에
높은 외침의 소리 위에
하얀 눈이 보슬보슬 내립니다

분노의
질식할 것 같은 소리
미움의 찢기는 소리
질투의 핏발선 소리
세상을 흔드는 불평의 둔탁한 소리
그런 소리 덮고
하얀 눈이 살금살금 내립니다

용서의 환한
햇살 같은 소리
배려의 하늘빛 같은 소리
베풂의 상큼한 초록빛 같은 소리
핑크빛 넘치는
사랑의 소리 삼키며
하얀 눈이 사뿐사뿐 내립니다

김인녀

하늘 같은 선배 사랑

기운이 갑자기 뚝 떨어져
초겨울 외투 차림으로 나갔으나
바람 싸늘 두 볼을 할퀸다

비 온 후 높은 하늘
구름 한 점 없이
푸르고 푸르다

느긋이 들어섰는데
모두 벌써 와서
잔칫상 차리듯 법석이다

한우 육전에 무생채
여러 가지 나물
가슴 뭉클 전시장이다

나물 골고루 따끈한 밥
차지게 비빈 늦은 저녁
선배의 사랑까지 비빔밥이 꿀맛

폭포

천지를 흔드는 우렁찬 소리
늠름하게 솟구치는 기상은
마음을 사로잡고

아지랑이 피어나듯
솟아오르는 물보라
흰 장막 넘어 오색 무지개 띄운다

수많은 수정체 물방울
바위 위에서 부서지고
눈부시게 아름답다

고운 자태 뒤로 하고
냉정히 떠나간 마음
가슴에 깊은 생채기를 낸다

칼자국 같은 아픔 남긴 그대
무지개 언저리에 그리움 걸고
울부짖는 소리 산천을 뒤흔든다

김인녀

폭우

늦여름 무더위 속에
긴 긴 장마의 폭우가
마을 개천을 휘감고
강기슭의 푸른 느릅나무
휘청휘청 바람에 흔들린다

피가 뜨겁고 의욕이 넘치던
그때 그대 사랑은
폭우처럼 홍수를 이루고
마른 마음의 강기슭에
알몸으로 떨던 소녀를 끌어안는다

세월의 강줄기에 못 이겨
그대 사랑의 숨결 흘러가고
내 가슴 깊은 곳에는
애타는 창백한 그리움이
폭우 되어 쏟아진다

태풍

얼마나 한이 쌓였으면
잔잔했던 바다를 뒤집어
산 같은 파도로 소리치며
해변에 물보라로 하얗게 부서지나

얼마나 외로웠으면
잠자는 공기를 깨워
폭풍으로 울부짖으며
가로수를 뽑고 지축을 흔드나

얼마나 그리웠으면
맑은 하늘에 검은 구름 띄워
천둥 번개 놀라게 폭우로
눈물을 쏟나

얼마나 사랑했으면
고이 잠든 창가에
비바람으로 다가와 두드리고
가슴에이는 울음을 울어대나

김인녀

코스모스의 눈물

비포장도로
길가에는
엉겅퀴 돼지풀 싱아가
맘대로 널브러져 황량했지

그녀는 그곳에
천사처럼 부임해
엉클어진 길가에
코스모스를 가꾸고 가꾸었지

코스모스는
날로 번창하고
코스모스 유명한
마을로 꽃 피웠었지

빈궁했던 지역
삶의 질 높아지고
얼굴에는 행복의 미소
모두 꽃처럼 아름다웠지

뜻하지 않게 홀연
그녀는 세상 등지고
돌보지 않는 꽃들
시들고 시들어 갔지

코스모스 한창
하늘하늘 나부끼는
가을 되면 코스모스
슬픈 눈물, 가슴 벅차오네

김인녀

추억은 파노라마처럼

추위를 막으려고
가마니로 방을 두르고
차가운 마루방에서
엄동설한을
하루 같이 지냈다

모든 것이 부족하고
없는 것이 더 많은 때라
미국의 구호물자에
의지해서 살아 냈다

중고교 담임선생님들 마다
따뜻한 사랑으로
조석거리 있는지
틈나실 적마다 들러
보살펴 주셨다

그때 그 시절 받은
스승님들의 따뜻한 사랑
헤아릴 수 없는데
무심한 세월은
너무 멀리 달아나 버렸다

추억은 파노라마처럼 흐르고
스승님 은혜 눈덩이 같으나
만나 뵐 길 요원하고
시간은 냉정하고
화살처럼 지나간다

김인녀

촛불을 켜세요

저문 해가 서산마루를 넘고
들녘에 어둠이 흩어진 노을을 삼킨다

늦은 저녁 허기를 움켜 지고
돌아오는 아해들이 어둔 오두막을 더듬는다

밤이 세상을 점령하고
먹물을 뿜으면 만물은 눈이 멀어 허적인다

캄캄한 가슴을 환히 밝히는
별이 되게 이제 캄캄한 내 마음
촛대에 불을 켜련다

사랑의 성에꽃

초겨울 잠에서 깨어 창문을 열 때면
유리창에 하얗게 핀
성에꽃이 제일 먼저 인사한다

늦은 밤 잠 못 이루고
아침 일찍 기침하는 할머니 입김이
온통 유리창에 꽃밭이다

아침 해가
하늘을 빠꼼이 오르면
슬그머니 꼬리를 감추는 성에꽃이련만

그래도 없는 것보단 아름답게 보이는 게
당신 사랑의 성에꽃이려니 하지만
어느덧 사라져버리는 성에꽃이여

이 꽃 저 꽃 화려하고 고와도
그중에 가장 예쁜 꽃은
내 맘 창에 새겨져 미소 짓는
당신 숨결 사랑의 성에꽃이다

김인녀

질경이

뜨겁게 내리쬐는 열기에
푸른 꿈을 가슴 깊이 간직한 채
초록의 잎을 틔우며

고개를 숙인 채 땅에 붙어
비가 오나 눈이 오나 바람이 부나
죽은 듯 일어서 삶을 달려간다

사랑도 모르는 무지랭이
우악스러운 발굽이 짓밟아도
입 앙다물고 굴욕을 이겨내는 강인함이여

잠깐 지나가는 슬픈 열정 허리춤에 감추고
해가 뜨나 지나 그리는 님은
질경이 가슴으로 설레이누나

지초 합창단의 찬가

푸른 꿈 높은 이상
모교의 자긍심 안고
아름다운 희망으로
사랑의 노래 드높이 부르는
아아 이리여고 지초 합창단

따뜻한 미소 뜨거운 포옹
선후배의 아끼는 마음으로
빛나는 추억 쌓고 희생 봉사의 노래
힘차게 부르는 아아 이리여고
지초 합창단

김인녀

재회

애정은 몽글몽글 솟는
옹달샘의 감로수인가 봐

꽃은 피고 지고 세월은 쉼 없이 가도
가슴에 항상 그리움의 그림자 지울 수 없구나

다시 보는 재회의 기쁨으로
웃음이 만발하고 옛이야기 꽃피우자

아픈 사연은 감추고 고운 추억 가꾸어
친구야, 세상 시름 잊자구나

다시 우리 재회하는 날
꽃물든 그날의 기쁨을
꿈으로 엮어 가자꾸나

잡초

길섶에 볼품없이 흩어져 밟혀도
죽지 않고 살아나 푸른 잎을 핀다

흙먼지 뒤집어쓰고도 일어서
바람을 맞으며 잡초는 기쁘게 노래한다

밭두렁 논두렁 산등성이 오솔길
온 세상이 행복의 무대다

아무도 돌아보지 않아도 맘껏
꽃은 피고 향긋한 향기를 품는다

김인녀

2부. 잊어버린 고백

허나 구름이 다가와
보름달을 가려 어두워지니
사랑의 마음도 사랑의 약속도
시간은 벌써 흘러 보이지 않는다

잊어버린 고백 중

잊어버린 고백

캄캄한 밤하늘에
둥근달이 떠서
그대 사랑한다고
목청껏 소리를 치고 싶었다

허나 구름이 다가와
보름달을 가려 어두워지니
사랑의 마음도 사랑의 약속도
시간은 벌써 흘러 보이지 않는다

인연

세상에 태어나서 살아가는 동안에
많은 사람과 만나고 헤어지면서
인생의 무대를 꾸며 간다

가는 방향도 다르고
사는 모양도 다르듯이
만나는 곳도 헤어지는 장소도 다르다

꽃과 나비 같은 만남
토끼와 거북의 만남
만남이 숙명이 되는 인연이 있고

만나면 헤어지는 것이
자연의 보편적 이치라지만
그대가 늘 보고 싶어 하는 인연이면 좋겠다

김인녀

인생의 꽃구름

철없던 그 시절엔
코발트 푸른 하늘에
찬란한 햇살에
곱게 물든
꽃구름만 있는 줄 알았습니다

세월이 흐르고
꽃구름은 어디 가고
태양도 가끔 사라지고
검은 구름에 덮여
푸른 하늘은 잿빛이기도 했습니다

검은 구름은
천둥 번개를 싣고 와
여린 가슴을
두려움에 떨고
가슴 서늘 놀라게도 했습니다

천둥 번개에 놀라
눈은 희미해지고
머리는 멍해져
길을 잃고
절망에 울기도 했습니다

구름 위에 태양이 있듯이
이제 먹구름 몰려와도
인생의 꽃구름이 아직 있다는
희망의 나래 펼칩니다

김인녀

인생은 영원한 예술

주변에 요즈음
많은 일들이
나를 슬프게도 하고
또
나를 기쁘게도 한다

몇몇 분들이
갑작스럽게 세상을
등졌다는 소식이
또
가슴 섬뜩 놀라게 하고

친구 손자 손녀 이민
아이비 대학에 척척
또
우리 아이들도 뭐든 척척

나쁠 것도 좋을 것도
너무 슬플 것도 없이
인생은 영원한 예술
또
예술의 연속인 것 같다

인생은 걸작

인생은 고해라 하고
홀로 걷는 나그네라 하고
인생은 가시밭길이라고도 하지만

삶의 역경도 있었고
뜨거운 환희의 순간도
가슴 에이는 슬픔도 있었고

그대의 너그러운 관용과 이해
종종 엷은 향긋한 열매에
아가페적 사랑이 꽃피어

태양처럼 눈부시게 빛나고
꽃보다 아름다웠나니
인생은 그래서 걸작이라 하리라

김인녀

인생

쓸쓸한 바닷가 모래사장에
발자국 하나 남기는 것이다

밀물과 썰물에
언젠가는 사라질지라도

이삭을 줍자

어려웠던 시절
가을 들녘은 흩어진
이삭을 주우려 헤매고
연명의 끈이 되었다

그때는 비록 배고프고
비에 젖어 이웃집 처마 밑에서
눈물에 젖어 떨어도
푸른 꿈은 가슴 속에서 끓었다

세월이 화살처럼 가버린
나의 들녘에는
찬바람이 설치고
가버린 꿈은 저만치 멀어져 간다

야윈 세월 속에 흩어진
이삭들이나마 주워서
희망의 밑거름으로
꺼져가는 가슴에 불을 지피자

김인녀

이 길

수십 년을 한마음으로 다려온 이 길
굶주림으로 흘린 눈물의 얼룩이
부스럼처럼 얼룩져 가슴 에이는가 하면
별처럼 빛나는 추억이 보석처럼
빛나는 기억으로 꽃길도 있었다

그대 바지가 다 헤어져 허름한 양장점에서
무명 바지 볼품없는 모양새에도
거침없이 걸치고 의기양양
출퇴근하던 모습
아직도 가슴에 남아있는 아픈 가시다

가난이 인생의 발목에 걸려
넘어지려고 아슬아슬 버틸 때
한 푼이라도 거금인 양 점심을 굶어가며
투잡을 뛰던 때가 지금은 그리운 추억의 이 길이다

그때 그대 손 잡고 같이 뛰던 이 길
배고픔도 고단한 일도 희망이고 기쁨이고
어려움이 괴롭힐수록 용솟음치던 용기와 패기
그것은 젊은 날의 축복이라
행복으로 여기며 걸어온 이 길이다

이 순간

이 순간은
순간과 순간이 더해서
꽃피고 지고
산새도 울고
구름도 흘러
비바람 눈보라도 지나
영원이 되나니
이 순간에 충실하고
뜨겁게 사랑을 하자
이 순간은 찰나이고 영원이다

고로
이 순간은
호흡이고
맥박이고
애정이고
행복이며
생명을 잉태하나니
삶 전체
바로 그 자체이다

김인녀

의자의 소망

낡은 의자는 지친 몸으로
겨우 앉아서
지난날을 반추한다

영광의 날도 있었다
주인님이 특진한 날
온 식구들 모여 웃음꽃이 피었다

의자는 살며시 주인님께
온몸을 내어주고
마음도 나는 듯 기뻤다

무수한 못 자국의 고통도 잊은 채
세월의 수레바퀴에 눌려
삐걱 소리 신경통을 앓는다

잎새 향긋한 풀내음 맡으며
뭇 새들 같이 놀던 시절 돌아가고파
의자는 소망의 꿈을 꾼다

유혹의 강

그대의 입술이 꽃잎처럼 열리고
신비한 분위기 마음을 사로잡는
경이로운 기운이다

은은한 달빛 아래 혼자 훔쳐보는 마음
손을 잡고 온몸을 끌어안고 싶은 충동이
파도처럼 밀려오고

한 송이 꽃이 수많은 벌 유혹하듯
끝없이 끝없이 가슴 떨리는
전율을 느낀다

파닥이는 숨결은
끝간데 없이 턱밑에 치닫고
터질 듯한 가슴이 미궁을 헤맨다

거부할 수 없는 황홀한 눈짓에
내 모든 것 다 주고 싶은
붉은 꽃잎 하나 하늘로 솟는다

김인녀

위대한 침묵

침묵은 금이라는
격언이 아니라도
'위대한 침묵' 영화 자체가
성스런 기도고
신과 깊은 대화고
소리 없는 외침이다

알프스 깊은
산 중턱에
구름도 숨 가쁘고
눈 내리는 소리
고요를 흔드는
카르투지오 수도회 내부

빨간 촛불 하나
살며시 나부끼고
종소리 들리면
곧고 빠른 젊은 수도사들
앞서나가고
뒤처진 나이 든 수도사들
수도복 고깔들이
기도를 한다

조용히 울리는
기도 소리에
멍한 가슴 울리고
눈 덮인
골짜기마다
영롱한 은빛
깊은 침묵 나래를 편다

김인녀

웃자

그대가 떠나도 웃자
친구가 배신해도 웃자
몸이 아파도 웃자

아들이 대학을 떨어져도 웃자
아들이 결혼을 안 해도 웃자
아들이 놀아도 웃자

항상 웃으며 살면
기쁜 일만 생겨
인생은 행복으로 충만하리라

웃어요

웃어요
예쁜 얼굴에
더 고운 꽃이 피어요

웃어요
음울한 얼굴에
분홍빛 물들어요

웃어요
컴컴한 삶의 동굴에
밝은 햇살 밝아 와요

웃어요
멀어진 행운이
기쁜 미소 지어요

웃어요
축복의 신이
급행열차 타고 와요

웃어요
구름 낀 내 맘에
행복의 산들바람 불어요

김인녀

우정의 꽃 속에

아름다운 정원
멋을 아는 친구
그런 친구 가진 분은
더 행복하지요

따사로운 햇살 속에
아름다운 꽃 속에
향기로운 선율 속에
우정의 폭포수 속에

행복이 용솟음치네

외딴집

부자라고 다 행복한 것 아니고
가난하다고 다 불행한 것도 아니다
대학 학창 시절에 쭉 가정교사로
학비며 생활비며 주거를 해결했다

그렇다고 공부를 못하지 않고
쭉 장학생으로 학업을 마쳤다
학교에서도 사회에서도
남과 다른 삶을 살았다

지금도 가난과 싸우며 혼자라도
고독하지도 외롭지도 않다
외딴집에서라도 행복과 불행은
모두 마음에 있다

김인녀

삶의 언저리에서

구례 어딘가에서
담아온 풀잎 한 개
지금은 큰 화초가 되어
싱싱 뻗어간다

줄기 뻗을 때마다
신비롭고 대견하여
환희의 함성이 절로 나고
삶의 의미가 더해진다

삶은 매 순간이 신비다
아침에 눈 뜨면
꽃망울이 올라오며
수줍게 웃는다

삶의 언저리에서
눈만 돌리면 놀라운 일이
끊임없이 이어지고
사랑의 꽃이 활짝 피어난다

산

너는 항상 거기 있구나
우뚝 솟아 장엄한 자태
계절이 오고 가도 의연한 너

너는 항상 거기 있구나
쉴 새 없이 재잘거리는
뭇 새들 보듬고 말이 없는 너

너는 항상 거기 있구나
산사태가 나도 홍수가 져도
눈을 질끈 감고 심호흡하는 너

너는 항상 거기 있구나
꽃이 피고 언덕에 낙엽이 져도
눈보라 끌어안고 봄을 준비하는 너

김인녀

오늘도 반짝반짝

함박눈이라고 할까
간밤에 내린 눈이
아침 햇살에 반사되어
학교 운동장에서
앞집 지붕 위에서
반짝반짝 빛난다

새것이나 오래된
많은 그릇들
모두 세제에 삶아
정성껏 닦아 넣어
찬장이 유난히
반짝반짝 빛난다

아침상을 차리고 보니
밥도 반짝
국도 반짝
그대 얼굴도 반짝
내 마음도
오늘 반짝반짝 빛난다

삶에 쉬운 것이 없고
근면과 성실
정성을 다하니
행복도
성공도
반짝반짝 빛난다

김인녀

예쁜 여행

태양은 구름에 가려
모든 것이 흐린 듯했으나
선후배들의 마음에 흐르는
사랑의 강물은 찬란하네

굽이굽이 돌아 오른
진고개에 진눈깨비도
무르익은 선후배의 열기를
식히지는 못하네

주문진의 보슬비도
강릉의 출렁이는 파도도
바닷가의 흩어지는 모래알도
활짝 피어오른 벚꽃처럼
우리의 아름다운 추억이 되네

꽃보다 곱고
향기 묻어나는
후배들의 춤이며
마음 흔드는 노래
오래오래 가슴에 남으리라

영그는 여름 꿈

용광로 쇳물 끓듯
태양이 대지를 달구는 지금
그대 그리는 마음 끓어오른다

심연에서 솟는 열정을
가슴에 이는 파도에
헹구어 널자

창 넘어 화원에
초록의 향기 가득한데
님은 어디쯤 이르러 있는가

노을은 어둠 밟고 가도
내일의 태양은 솟아오르고
고운님은 황금 햇살 타고 오리니

김인녀

염원의 아우성

햇살이 따사롭고 푸른 하늘에
흰 구름이 졸고 있을 때
꽃잎의 고운 미소로 오소서

진초록 찬란한 향연 속에
태양도 작열하는 바닷가
파도치는 울부짖음으로 오소서

산들바람이 들녘을 스치고
갈대가 황금빛 포옹할 때
단풍의 붉은 맵시로 오소서

찬 서리 매운바람도 끌어안고
질긴 인내 숨긴 채
영혼의 뜨거운 떨림으로 오소서

여름 예찬

삶은 듯한 더위
계곡의 시원한 물소리
짙어가는 푸르름

빗줄기 쏟아지고
사람들은 지쳐가도
힘있게 솟는 나무들

더위에 빛이 나고
햇빛에 익어가는
해변의 연인들

매미 소리 맴맴
처마 끝에 새들의 노래
창공을 울린다

평상 위에 별을 헤며
밤을 껴안고 잠드는
아 찬란한 여름이여

김인녀

3부. 언덕에 서서

단풍은 변함없이
계절을 물들이건만
한 번 간 내 사랑은
소식도 없이 아득하기만 하고

언덕에 서서 중

언덕에 서서

꽃 피고 새 울 적에
복사빛 볼을 붉히던 시절
뒤뜰에서 깔깔대며 놀던
그런 때도 있었건만

아카시아 꽃향기
가슴을 가득 메우고
녹음이 짙어 갈 적에
오르던 뒷동산 외롭기만 하다

단풍은 변함없이
계절을 물들이건만
한 번 간 내 사랑은
소식도 없이 아득하기만 하고

빈 언덕에 홀로 서서
안개 너울 펄럭이며
부서진 추억의 조각 애달파
하염없이 눈물짓는다

어부 같은 삶

물결이 잔잔하고
볕이 좋은 날이면
풍어를 꿈꾼다

그래도 바다는 언제나
물결치고 파도와 맞서 건지는
꿈은 삶을 풍요롭게 한다

비릿한 바다 내음 맡으며
갓 잡은 생선회 한 점은
세상의 그 어떤 즐거움에 비하랴

거기에 기대 넘치는
만선이라면 파김치 같은 피로도
큰 낙일진대

인생길도 이러하리니
잔잔하고 평온하나 다부진 마음
꿈같은 길로 삶을 수놓으리라

김인녀

아침의 다짐

상큼한 아침 공기
내 코를 간질이고
창문에 속살대는
찬란히 비추는
햇살에 눈을 뜬다

벽에 걸린
한 폭의 유화가
가장 먼저
내 눈에 들어온다

기분 좋은
아침이나
비몽사몽
기상하는 때나
유화 속 영혼은 말을 건다

청청 하늘처럼
오늘도 당당하고
높은 이상 삶의 열정을
한 켠의 붉은 꽃처럼
불태우라 한다

스승님 앞의
작은 학생처럼
흐르는 마음의 강물
들여다보며
하루를 깊이 다짐해 본다

김인녀

안개의 얼굴

심술 어린 짙은 구름이
하늘가득 몰려오더니
종일 비가 오고 바람도 세차게 분다

다음날 숨 막힐 듯 짙은 안개가
거리를 차오르며
자동차 뚜껑만 구르고
사람 머리만 걸어가는 요술쟁이다

웃는 얼굴 무표정한 사람
바람에 흔들리는 가로수들
여인들의 간드러진 자태며
경쾌하던 모습 차츰 모두 삼켜 버린다

강렬한 태양도 장막에 가리고
산천도 자취를 감추고
마음은 움츠러들고
정신도 회칠한 듯 흐릿하다

아침 안개

안양천 도림천에
아침 녘 흰 장막으로
시야를 흐릿하게 가린다

짙은 안개가
앞을 볼 수 없을 만큼 두터울 때
앞이 보이지 않아 헤맨다

삶의 기운이 떨어지면
어깨가 처지고 의욕이 없어져
삶의 희망마저 낭떠러지에 걸린다

안개 짙은 날 태양이 더욱 빛나듯
고난이 깊을수록 용기를 내
삶의 정수를 이룰 수 있는 것 아닐까

김인녀

아름다운 우도

수줍은 야생 풀꽃들
짙푸른 바다 물결
수평선 너머에
아직 염원의 희망이
있을 것 같은 우도

야생마가
지금 금방이라도
뛰어나와
날을 듯
시원스레
달릴 것 같은 우도

보는 것이
다가 아닐 수 있듯이
많은 물질
꽃다운 젊음 바친
해녀들의
많은 몸짓이
고이 배어있는 우도

그래서
더 사랑스럽고
더 소중하고
더 아끼는
자연 자연
그 아름다움이어라

김인녀

아름다운 그대

길가의 풀꽃
우울한 마음을
달래주고
삶의 의미를
일깨워 줍니다

숲속의 바람은
시든 잎새 걷어 내고
나무의 시름을
덜어 줍니다

햇살은
푸른 잎의
동화작용으로
생명에 활력을
생성합니다

무엇보다
당신의 미소는
고뇌를 잊게 하는
사랑의 꽃
사랑의 묘약입니다

실난

길가에 버려진 꽃
시들고 초라한
사랑을 심었다

죽은 듯하더니
여러 날 정성들여 아침이면
잘 잤느냐 인사하고
아기 돌보듯
사랑을 부어 오니

일 년여 지난 지금
많은 줄기 뻗고
줄기마다 흰 꽃
선녀같이 하늘거린다

청초한 우윳빛 꽃잎
노란 수술 속 올라오고
생명의 신비
이것이 사랑의 꽃이다

김인녀

세월

형태가 없고 냄새도 없고
눈에 보이지도 않아도
쉴 새 없이 달리고
많은 표징을 남긴다
아침이 가면 밤이 오고
밤이 가면 새벽이 오듯이

오늘이 가면 내일
어제가 가면 다시 오늘
그래도 오늘은 어제의 오늘과 다르다
아가가 엄마 되고
엄마가 할머니 되듯이
시간의 품 안에서 현재는 퇴색 창조한다

꽃은 피고 지고
푸른 나뭇잎은 오색 단풍 지고
산천을 끊임없이 변화시키는 시간
진시황도 목숨을 내주고
못 이기는 힘을 가진
경악할 주술을 가지고 있다

수억 년의 시간이 지나며
해와 달이 생겨나고
수많은 동물과 인류가 만들어졌나니
시간을 어리석게 낭비한 자
시간의 놀라운 힘을 모른다면
죽비로 맞아도 억울함이 없으리라

그대여 위대한 주술의 소유자여
이 순간만이라도
꽃 같은 청춘의 날로 날 보내주오
새 미래를 설계하고 그대의 힘에 기대
새 영화를 누려 보고 지고

김인녀

숨은 골짜기

신선한 푸르름
맑은 공기 폐부를 씻어주고
코를 간질이는 산들바람
얼굴을 스친다

멀리 들려오는 산새 소리
푸르른 나뭇잎들의 속삭임
살찐 계곡에 흐르는 물소리
자연의 교향곡 울린다

지천으로 널려있는 산나물
수십 년 고이 자란 약버섯
뭉클 달달한 산딸기
부자 된 듯 마음이 넉넉하다

시린 손 잡아 주고
언 가슴 안아주는
사랑하는 당신 있으면
이곳은 지상의 비할 데 없는 낙원이다

소용돌이

광활한 광야에 빛나던 햇볕이 사라지고
산들 불던 살랑 바람이 갑자기 노한 얼굴로
달려와 낮잠 자는 나무의 뿌리를 뽑는다
잔잔히 흐르던 강물이 돌 바위에 부서지고
깊고 가파른 웅덩이를 만나면 핑그르르 돌며
걷잡을 수 없는 힘에 빠져든다
인생사도 예기치 않은 일에 맞닥뜨려
정신을 휘둥 거리며 낭떠러지 절벽 위에서
현기증을 면치 못하고 만사가 뒤엉켜 버린다
세상만사 어찌 물 흐르듯 순탄하기만 하랴
어제가 무탈했다고 오늘이 무사할고
오늘이 평화롭다고 내일이 안전 하랴
인생은 알 수 없는 소용돌이 속에 사나니
항상 마음에 깊은 중심 단단한 심지를
지켜야 하리니

김인녀

소꿉놀이

토끼도 되고
코끼리도 되고
강아지 고양이도 되네

마음만 먹으면
무엇이든
우린 할 수 있어

이제
너는 엄마
나는 아빠

엄마가
지은 밥
아빠가 잘도 드시네

석류

한 가슴 뜨거운 사랑
진한 사랑 쪼개니
핏빛 그대 사랑
시원히 쏟아지는데

내 가슴에 쌓인 사랑
이글이글 타는 사랑
쪼개 보일 수 없네
사랑아 붉은 사랑아

김인녀

생일 선물

어릴 적이나
어른이 돼서나
생일은 가슴 설레는
날이다

온 식구들
많은 친구들
여러 가지 선물로
축하 기쁘다

아들딸의 효성 어린 선물
며느리 사위들 정성스러운 선물
손자 손녀의 축하송
모두 값지고 소중하다

무엇보다
보람과 기쁨 주는 선물은
건강한 자녀
그 배우자와 영원한 연인
당신이 있다는 것이다

샘물

어두운 땅을 헤치고
골짝 돌 틈을 비집고 샘물이
퐁퐁 첫사랑처럼 솟는다

목마른 이에게 목을 적셔주고
가뭄의 논에는 목숨 같은 생명수가 되고
물고기를 살리는 단물이다

우리를 살아 있게 하는 것은
생각이 머릿속에서 무엇인가 인식하고
생각이 달아올라 어두운 세상을 덥힌다

갓난아기에게 영양의 젖이 되고
우리를 살리는 물이 활력소 되듯
살아있게 하는 생각은 우리 모두의 생명수가 된다

김인녀

새해 아침에

꿈같이 지난해는 가고
새해 새 아침 문턱에 서서
시험 치는 학생처럼 마음이 초조해진다

하얀 백지장에 쓸 것이
저 밑에 너무 많이
치밀고 오르는 무수한 사념들

걸음마 겨우 떼기 시작한 아가가
엄마 젖을 더듬듯
진종일 한 해의 계획을 더듬는다

아가의 영양 공급이 충실한 성장을 돕듯
나의 한 해의 계획들로
내 삶이 성장하길 바라는 마음뿐

새해

동해의 안개 낀 수평선에
어둠을 사르는 고운 얼굴이
금가루 뿌리며 미소 짓는다

어제의 우울한 일들은 잊자
아름다운 동자가 활활 타는
등불로 앞날을 환히 비춘다

검푸르게 성나 날뛰는 파도야
따스한 금빛 햇살을 보라
내일을 향해 가슴에 불을 지펴라

쌓아온 지난날의 값진 이상이
주눅 들어 헤매는 너를 부른다
푸른 하늘로 높이 힘껏 날자

어둠이 기승을 떨치면
빛은 더욱 눈 부시나니
비상의 찬란한 태양은 영원하리라

김인녀

새벽빛

어둠의 장막을 쓸어내고
신비의 빛을 밀어 올려
찜찜하던 간밤의 침울한 가슴에
청량한 사랑의 샘물 솟는다

멍한 내 영혼은 날개를 달고
꿈을 꾸듯 동녘에 여명 빛이
그대 미소로 창공을 날아올라
식은 가슴을 덥힌다

스미는 산들바람의 애무로
그대 품에 안기고자
그대 향한 뜨거운 마음
새벽빛처럼 그대 곁에 눕는다

새날을 연다

칠흑 같은 밤을 삼키는 새벽빛
첫사랑의 입김처럼 짜릿한 전율이 터진다

푸르른 기상 그리운 님 향해
더욱 강렬하듯 수평선 넘어
뻗는 야망이 하늘 높이 난다

그대는 아는가
간밤의 꿈이 뛰어나와
눈앞에 춤추는 현실
희망의 찬란한 환희를 연다

김인녀

4부. 사랑했던 나날들

나는 그대 모습 봅니다
쓸쓸히 흘러가는 강물 위에
몸을 다정히 부비는 물오리 한 쌍을 볼 때

사랑했던 나날들 중

사랑했던 나날들

나는 그대가 생각납니다
태양 쏟아지는 푸른 나뭇잎 사이에서
그대 눈동자 빛날 때

나는 그대 목소리를 듣습니다
외로움에 움츠러들고 허전한 창문 두드리는
바람 소리 들릴 때

나는 그대 모습 봅니다
쓸쓸히 흘러가는 강물 위에
몸을 다정히 부비는 물오리 한 쌍을 볼 때

나는 그대를 그리워합니다
홀로 외로움에 떨고 있는데
은은한 달빛이 무정스레 창문 환하게 비출 때

사랑했던 나날들이 어제 같은데
혼자 남겨놓고 어디 갔나
밤하늘에 빛나는 저 별이 그대였으면

사랑이었네

오월의 햇살보다
더 수려한 그대 얼굴
눈앞에 아른거리고

깊은 호수 같은
그대 빛나는 눈동자
나를 사로잡는다

보리밭 높이 날아올라 우짖는
종달새의 노랫소리 보다
더 청아한 그대 음성
귓가에 들리는 듯

생각을 떨칠 수가 없고
꼭 안아보고 싶은 그대
잔잔하던 가슴에선
폭풍의 물결이 인다

김인녀

사랑이 용솟음칠 때

머루 다래 익어가는
푸른 계절 오면
산마루에 노니는 산까치도
깍깍깍 울리라
님 찾고 또 찾는다고

그대 향한 애틋한 정이
허전한 가슴에 사무치면
그대 창가에서 노래하리라
그립고 또 그립다고

그대 향한 애끓는 열망이
폭풍으로 파도쳐 오면
강가에 나가 꽃잎을 띄우리라
보고 싶고 또 보고 싶다고

그대 향한 뜨거운 사랑이
가슴에 용솟음치면
산 위에 올라 목청껏 소리치리라
사랑하고 또 사랑한다고

사랑의 저축은행

사는 동안에 젊어서부터
열심히 일하고
은행에 차곡차곡 저축하며
일할 수 없을 노년을 준비한다
젊은 시절에는 건강 부자에
탱크 가득한 열정 더하기
사랑 에너지가 넘치는 나날이다
매일 사랑한다 종을 울리고
꿈속의 느낌은 환상이다
세월이 시간에 씻기어
쇠약해진 육신 흰 꽃 두상에
의욕은 맹물 같고
애정은 손님 같다
젊은 정열과 사랑을 저축해
우리 노년이 젊은 날의 행복 같은 삶이 되게
사랑의 저축 은행을 꿈꾼다

김인녀

그대 그리는 밤

빠담 빠담
사랑인가 봐

빠담 빠담
달빛에 실려

빠담 빠담
그대에게 가고 지고

사랑은 슬프다

어느 순간 울컥
뜨거운 눈물이
쏟아진다

아침마다
준비하는
흰죽이 힘겨운가

돌아보면
당신의 소화력
따를 이 없었는데

이제는 흰죽에도
힘겨워 하다니
가슴 아리다

하늘의 별빛
변함없는데
당신의 건강 어디 갔나

한밤중에도
당신 별일 없나
이불 끝을 다독인다

김인녀

사람의 덕목

김수환 추기경님의
주옥보다 빛나고
보석보다 값지고
진주알보다 영롱한
가슴 울리는
아직 살아 숨 쉬는 말씀

가슴으로 사랑하라
노점상에서 깎지마라
기도하라 등등
깊이 머리에 새기고
뼛속에 각인하고
구석구석 삶 속에 심어

내 삶의 지표가 되고
내 이웃에 향기가 되고
내 친구에 언덕이 되고
내 가족에 참삶의 뜻이 되는
그런 사람이 되자

빨간 손수건

첫눈 내리는 날이면
지난날
좋은 추억에
젖게 하네
첫눈 오던 어느 날
수학여행에서 샀다며
빨간 손수건을 건네고
눈도 못 맞추고
그 소년 총총히
사라져 갔네
순진무구한 소녀
무심결에 받은
손수건 잊은 채
세월 덧없이 가버렸네
첫눈 소복소복 내린
어느 날 그 소년
청년 되어 찾아왔네
추억의 빨간 손수건
가슴 깊은 곳에서
아직도 미소 짓네

김인녀

빗속을 걸으며

강바닥이 보일 듯하던
안양천 격랑 하는 물줄기
산책로 삼킬 것 같다

강변의 갈대숲에
흥건 넘치는 물속
개구리 울음소리 홍수 이룬다

물결 따라 굽이굽이
먼바다로 티끌도
흘러가듯이

내 맘속의 고뇌도
홍수 따라
멀리멀리 떠나가라

은밀히 흘러가는 밀어
여울지는 강가에
홀로 걷는 나그네

잿빛 구름 타고 오는
큰 빗줄기만
내 길 동무 되었다

빈집

싸리문이 떨어져
이리 삐걱 저리 삐걱
창문의 창호지 구멍 숭숭
폐가나 다를 바 없다

낮에는 해님이 빠꼼이
문구멍으로 들어오고
들고양이 개구멍으로 와
제집이라 소리친다

누웠던 아랫목에는
거미줄에 줄줄이 불나방
을씨년스러운 벽장에는
들쥐 소리 높다

사람은 없고 공허가 가득차고
꽃피던 영화는 곰팡이 차지
내가 있어도 내가 없는 곳
옛 생각은 눈물 되어 가슴을 훑는다

김인녀

빈 의자

앉는 사람의 신분에 따라
의자는 품격이 매겨진다고
혼자서 중얼거린다

애가 앉으면 애가 되고
어른이 앉으면 어른이 되고
높으신 분이면 왕이 된 듯 고개를 쳐든다

참새가 모서리를 쪼아도
백로가 날아와 고개를 숙여도
눈 하나 거들떠보지 않는다

빈 의자는 외롭고 쓸쓸해도
그냥 비어 있기를
완강히 고집하고 버텨 낸다

그대 오시는 그날
깨끗하게 얼른 그대 품고자
늘 쓰디쓴 고독을 삼킨다

부엌의 소묘

부엌은 한 가정의 건강과
뗄 수 없는 질긴 끈이 닿아 있고
행복을 재생산하는 근원의 창고라고 한다

피로를 달래주는 케일 오렌지 쥬스
달콤 쌉쌀 새콤한 맛이 배어있고

따뜻하고 사랑이 어린 쌀밥 끓는 내음
묵은김치 깊은 맛에
짭짤한 된장찌개 풍미인가 하면

모든 식구의 구차한 소리가
가슴에 못질하듯 부엌은
지워지지 않는 날카로운 조각의 흔적들이며

가슴 뜨끔하고 억장 무너지는 일
엄마의 깊은 한숨 서리서리
도마를 때리는 소리 있어도

찌든 살림에 허리가 휘고
깊은 주름살 고운 티를 삼켜도
엄마의 향기는 달달 하다

김인녀

보석 같은 친구에게

항상 조용하고
차분하지만
뚜렷한 소신
열정적인 의지로
주위의 친구들을

편안히 하고
안정적으로
어려운 일도
마음 터놓고 이야기를
나눌 수 있는 친구다

어떤 일도
든든한 후원자이고
부족하지만 확실한 일은
서슴없이 돕는
적극적인 친구다

아름답고
고귀한 친구와의
꿈과 추억을
곱게 곱게 쌓아
우정의 금자탑을 이루세

보고 싶은 님아

봄꽃이 흐드러지게 피어날 때
우리 사랑도 곱게 꽃피었지

산과 들에 만발한 꽃밭을 누비며
우리 사랑은 익어갔지

비바람이 거세게 일던 어느 날
꽃잎 떨어지고 바람도 싸늘한데

그대는 홀연히 내 곁을 떠나
슬픈 눈동자 내게서 멀어져 갔네

보름달에 그네를 매어 타면
달빛에 그대 얼굴 볼 수 있을까요

김인녀

별똥별

캄캄한 밤하늘에
별 하나 불꼬리를 달고
날아갑니다

암울한 내 마음에도
별 같은 연정이
흘러갑니다

바람에 띄운 연서

사랑한다고 사랑한다고
바람에 실어 창공에 띄운 사연은
정말 진실이었건만

그 사랑은 빈 메아리가 되어
언제 그랬느냐는 듯
가을날의 낙엽처럼 땅에 뒹군다

가슴에 공허가 밀려오면
그리움으로 아픈 상처
가눌 길이 없어 혼자 운다

그대 없는 이 세상
한겨울 찬바람만 썰렁이 불고
맑은 하늘 올려다보아도
그대 영영 보이지 않네

김인녀

별 하나

캄캄한 밤에 길을 밝히는 별
별을 보며 넘어지지 않고
어둔 밤을 걷고
마음이 아득할 적에
별 하나 나타나 용기 얻고
삶이 팍팍하고 힘들 때
밝은 별 하나 반짝반짝
힘이 된다
칠흑 같은 어둠 속에서
헤매일 때 나를 비추는
별 하나 있다
삶의 버팀목이 되어 준 그 별
당신이 바로 그 별
당신은 나의 별입니다

반딧불이

맑은 공기 초록의 향기 질펀한
청정 숲속에 은하수가 내려와
반짝반짝 밤을 지샌다

부서진 조각들 구석구석 날고
식어가는 가슴에 잊었던 사랑이
따습게 불을 지핀다

기울어 가는 내 영혼의 등불에
다시 불붙는 열정 날개 달고
아련한 그리움이 아롱진다

어둔 밤 밝힌 그리움에 몸 사르고
그대 찾아 끝없는 사랑 길을
굽이굽이 헤맨다

김인녀

밤차

울적한 가슴을 안고
내달려온 생의 뒤안길에서
어두운 안개 숲을 가르는 밤차는
이 밤도 하염없이 떠나간다

차창 밖에는
무수한 별들이 하나둘 수놓고
내 마음속 추억이
싸락눈처럼 쌓여갈 뿐

기적을 울리며
세월의 수레바퀴는 돌고 돌아
고단한 삶을 잠시 내려놓고 싶어도
첩첩산중을 돌아
교차로를 향해 달려간다

모든 슬픔도
채워지지 않는 아픈 사랑도
바람처럼 가르며
속절없이 흔들리고

아득히 먼 종점을 향한 밤길
고독은 눈을 비비고
내 운명 속을 달리는 밤차는
이 밤도 정적을 울리며
새벽을 맞이한다

김인녀

□ 해설

존재의 의미 탐색과 자성의 시혼

김인녀 5집

□ 해설

존재의 의미 탐색과 자성의 시혼
—김인녀 5시집 『흐르는 강물처럼』

김 송 배
(시인. 한국시인협회 심의위원)

1. 부질없는 삶과 허무의 인생론 탐구

　현대시 창작의 원형에는 우리 인생에 대한 인식에서부터 성찰 등의 다양한 사유(思惟)가 자신이 살아온 삶의 체험에서 창출하는 인본주의(humanism)를 작품의 소재나 주제로 설정하고 거기에서 형성하는 다채로운 형태의 지각(知覺)들이 한 편의 작품으로 완성되는 경우를 많이 접하게 된다.
　이러한 분류의 단순성은 인생행로에서 감득(感得)한 체험의 원류가 바로 삶이라는 현실적인 범주(範疇)에서 불가분의 상관성을 유지하는 인생론을 인식하는 자아(自我)의 의식이기 때문이다. 이 자아는 철학적인 개념이나 인식론에서 말하는 지적(知的)인 형태가 아니더라도 "나"를 인식하면서 동행한 삶과 인생에 대한 사색이 자신의 작품에서 용해되고 있다는 보편적인 담론이다.
　여기 김인녀의 시집 『흐르는 강물처럼』의 작품들을 일별하면서 이러한 상념을 먼저 떠올리는 것은 바로 김인녀 시인이 구현(具現)하려는 시적인 지향점은 바로 삶과 인생에 대한 성찰이 작품의 주제로 형상화하는 경향을 의미 깊게 메시지로 전달하고 있어서, 그의 심리적 내적(內的)인 가치관을 명징(明澄)하게 정립하고 있음을 간과(看過)하지 못한다.

그는 작품「땡감」중에서 "내 인생 가을에 하늘을 우러러/ 영글고 붉게 익을까/ 나의 삶은 아직 땡감처럼 떫다"는 어조로 그의 인생과 삶에 대하여 아직 완전히 숙성되지 못한 떫은 땡감에 비유하고 있어서 일생을 통해서 미흡하거나 부족한 인생의 성취가 영글고 익을 수 있을까라는 의문에 대한 해법을 탐구하고 있는 것이다.

안양천 도림천에
아침 녘 흰 장막으로
시야를 흐릿하게 가리운다

짙은 안개가
앞을 볼 수 없을 만큼 두터울 때
앞이 보이지 않아 헤맨다

삶의 기운이 떨어지면
어깨가 처지고 의욕이 없어져
삶의 희망마저 낭떠러지에 걸린다

안개 짙은 날 태양이 더욱 빛나듯
고난이 깊을수록 용기를 내
삶의 정수를 이룰 수 있는 것 아닐까
　　　　　　　　　　――「아침 안개」 전문

김인녀 시인은 "아침 안개"라는 소재에서 삶의 기운과 희망과 정수의 이미지를 추출해내는 시적 전개가 그의 예지력에 상당한 고차원의 지적인 혜안(慧眼)을 엿보게 한다. 실제로 현대시 창작에서는 어떤 메시지를 들려주는 텔링(telling)도 중요하지만 작품 배경을 섬세하게 암시하는 보여주기의 쇼우잉(showing)의 시법도 중요하게 작용한다.

그는 이 작품 결론에서 적시한 바와 같이 짙은 안개 속에서도 더욱 빛나는 태양을 우리들이 고난을 극복하는 용기에 비유하면서 "삶의 정수를 이룰 수 있는 것 아닐까?"라는 의문형으로 작품을 끝맺는 그가 아직도 삶에 대한 가치관을 명민(明敏)하게 인식할 수 없다는 자성(自省)의 어조를 이해하게 한다.

이처럼 삶의 고난에 대해서 "우리의 삶을/ 고해라고도 하고/ 홀로 걷는/ 나그네라고도 한다"(「행운이란」 중에서)거나 "설상가상으로/ 집에 불상사 있어/ 정신 나간 듯/ 삶이 허망하기 이를데 없다"(「마음 고생」 중에서), "삶은 매 순간이 신비다/ 아침에 눈뜨면/ 꽃망울이 쏙 올라오고/ 순간에 꽃봉오리 수줍게 웃는다"(「삶의 언저리에서」 중에서)는 등의 어조는 살면서 당면한 체험에서 인식한 그의 사유에서 획득한 인생론이라고 할 수 있을 것이다.

이처럼 그는 작품「흐르는 강물처럼」「어부 같은 삶」「생각이 인생을 만든다」「땡감」 등등에서 보편적인 삶에 대한 인식으로 그 궤적(軌跡)에서 생성하는 시적인 상황 설정과 전개 그리고 결론의 화법을 적시하고 있어서 그가 삶이란 일생의 화두(話頭)로 인생의 진실을 탐구하고 있는 것이다.

산 넘고 물 건너
비바람 폭풍도 지나
거침없이 달려온
삶

뼈마디가 시리고
허리가 휘어간다

꽃다운 젊음
어디가고
푸른 청춘이
하얀 꽃 되어
윤기 없는 인생이
무상으로 흔들린다

세월아
쉬어 가라
무엇이
그리 급하던가
한번 가면
오지 않는 허무한 인생

──「허무한 인생」 전문

　　김인녀 시인이 이와 같은 삶에서 감지한 중대한 정점은 "허무한 인생"에 대한 담론이 그의 뇌리에서 가득 머물고 있다는 점이다. 그가 천착하는 인생은 우리들의 칠정(七情-喜怒哀樂 愛惡慾)에서 통과제의(通過祭儀)처럼 겪었던 산 넘고 물도 건너고 비바람 폭풍 등 만고풍상(萬古風霜)을 모두 지나 달려온 우리들의 인생은 "윤기 없는 인생이/ 무상으로 흔들"리는 자신을 인식하게 된다.
　　이러한 현상은 "세월"이라는 시간성과 동행하면서 이제 "꽃다운 젊음"과 "푸른 청춘"은 어디로 사라졌는지 남아 있는 것은 "한 번 가면/ 오지 않는 허무한 인생"임을 자각하면서 무상과 허무에 대한 도가적(道家的)인 의식의 흐름으로 우리들을 공감의 영역으로 흡인하고 있는 것이다.
 그는 다시 작품 「인생은 꽃구름」에서 "구름 위에 태양이 있듯이/ 이제 먹구름 몰려 와도/ 인생의 꽃구름이 아직 있다는/ 희망의 나래 펼칩니다"라 거나 「인생은 걸작」에서 "인생은 고해라 하고/ 홀로 걷는 나그네라 하고/ 인생은 가시밭길이라고도 하지만" 그는 인생이란 결론은 "쓸쓸한 바닷가 모래사장에/ 발자국 하나 남기는 것이다// 밀물과 썰물에/ 언젠가는 사라질 지라도"(「인생」 전문)라는 어조로 자신의 인생을 궁극적으로 정리하고 있어서 모두가 감명하게 되는 것이다.

2. 사랑학의 진원지-그리움의 정체

 김인녀 시인이 구가(謳歌)하는 시적인 정황(situation)은 바로 자신만의 사랑학을 구현하는 일이다. 그는 이 시집 전체에서 삶과 인생의 탐구와 더불어 심저(心底)에 천착하는 테마는 사랑에 대한 깊은 애환이다.
 일찍이 우리의 박목월 시인은 어떤 글에서 "참으로 사랑은 그것을 위하여 우리의 모든 것을 포기하거나 연소시키는 맹목적인 것은 아니다. 인간이 인간으로서의 주어진 사명을 다하고 우리들의 삶을 보람찬 것으로 이룩하기 위하여 사랑이 소중할 뿐이다."라는 말로 사랑의 소중함을 피력하고 있다.
 이러한 사랑을 불망(不忘)의 의식으로 형성한 그 진원지는 바로 그리움의 실체를 확인하면서 화해와 조화를 이루어나가는 심리적 변화의 과정에서 자연스럽게 생성하는 정념(情念)으로 발원하는 우리 인간들의 아가페(agape)적 사랑을 말하기도 한다.
 그는 작품 「사랑했던 나날들」 중에서 "나는 그대

를 그리워합니다/ 홀로 외로움에 떨고 있는데/ 은은한 달빛이 무정스레 창문 환하게 비출 때" 그는 그대에 대한 사랑을 그리워하고 있는 것이다.

오월의 햇살보다
더 수려한 그대 얼굴
눈앞에 아른거리고

깊은 호수 같은
그대 빛나는 눈동자
나를 사로 잡는다

보리밭 높이 날아올라 우짖는
종달새의 노랫소리 보다
더 청아한 그대 음성
귓가에 들리는 듯

생각을 떨칠 수가 없고
꼭 안아보고 싶은 그대
잔잔하던 가슴에선
폭풍의 물결이 인다

──「사랑이었네」 전문

   김인녀 시인의 사랑은 시적 화자인 "그대"에게서 그대의 얼굴과 빛나는 눈동자, 청아한 음성 등이 "나"의 눈앞에서 어른거리고 잔잔하던 가슴에 폭풍을 일으키면서 "나를 사로 잡"고 있어서 그는 이것을 일러 "사랑이었네"라고 후회 어린 독백을 되뇌이고 있어서 그가 지금까지 고뇌하고 불면에 헝클어졌던 사랑학의 원류가 차츰 그 형태를 나타내고 있는 것이다.

그가 사랑의 원형으로 집착하는 시적 상황은 만유(萬有)의 외적인 자연 사물의 형상에서도 감지하는 예민한 감응을 소유하고 있어서 다음과 같이 잔잔한 호소력으로 다가오고 있는 것이다.

- 그대의 휘파람 소리가/ 사랑 찾아 담 넘어 올 때/ 나는 기뻐서 실신할 것처럼 빠져 들었지 (「휘파람 소리」 중에서)
- 용서의 환한/ 햇살 같은 소리/ 배려의/ 하늘빛 같은 소리/ 베품의 상큼한/ 초록 빛 같은 소리/ 핑크빛 넘치는/ 사랑의 소리 삼키며/ 하얀 눈이 사뿐사뿐 내립니다(「하얀 눈 내리는 소리」 중에서)
- 세월의 강줄기에 못 이겨/ 그대 사랑의 숨결 흘러가고/ 내 가슴 깊은 곳에는/ 애타는 창백한 그리움이/ 폭우 되어 쏟아진다(「폭우」 중에서)
- 캄캄한 밤하늘에/ 둥근달이 떠서/ 그대 사랑한다고/ 목청껏 소리를 치고 싶었다 (「잊어버린 고백」 중에서)
- 그대 향한 뜨거운 사랑이/ 가슴에 용솟음치면/ 산 위에 올라 목청껏 소리치리라/ 사랑하고 또 사랑한다고 (「사랑이 용솟음 칠 때」 중에서)

사랑한다고 사랑한다고
바람에 실어 창공에 띄운 사연은
정말 진실이었건만

그 사랑은 빈 메아리가 되어
언제 그랬느냐는 듯
가을날의 낙엽처럼 땅에 뒹군다

가슴에 공허가 밀려오면

그리움으로 아픈 상처
가눌 길이 없어 혼자 운다

그대 없는 이 세상
한겨울 찬바람만 썰렁이 불고
맑은 하늘 올려다보아도
그대 영영 보이지 않네
　　　　　　――「바람에 띄운 연서」 전문

　김인녀 시인은 다시 사랑한다는 진실을 믿었지만 언제부터인가 "빈 메아리"로 "가을날의 낙엽처럼 땅에 뒹" 굴고 있어서 그 공허와 아픔을 혼자서 상처로 흐느끼고 있는 것이다. 지금 떠나고 없는 그대를 향해서 결론인 어조 "그대 없는 이 세상/ 한겨울 찬바람만 썰렁이 불고/ 맑은 하늘 올려다보아도/ 그대 영영 보이지 않네"라는 절망의 언어를 바람 속으로나마 연서를 띄우고 있어서 우리들의 공감은 더욱 처연하게 흡인시키고 있는 것이다.
　그의 애절한 사연은 대체로 인도의 시성 타고르가 "사랑이란 영혼의 궁극적인 진리"라는 명언이 떠오른다. 김인녀 시인의 의식에는 "그래도 없는 것 보단 아름답게 보이는 게/ 당신 사랑의 성에꽃이려니 하지만/ 어느덧 사라져버리는 성에꽃이여"(「사랑의 성에꽃」중에서)라거나 "젊은 정열과 사랑을 저축해/ 우리 노년이 젊은 날의 행복 같은 삶이 되게/ 사랑의 저축 은행을 꿈꾼다"(「사랑의 저축은행」중에서) 그리고 "내가 아직/ 그대 생각에/ 그리움이 사무치는 것은/ 나를 사랑했던 그대 가슴이/ 너무 따뜻했던 까닭입니다"(「내 사랑 보고 싶은 까닭」중에서)라는 그의 애잔한 사랑학을 음미 하고 있는 것이다.

3. 세월과 동행한 추억의 파노라마

　김인녀 시인은 다시 시간성(혹은 세월)에 집착하면서 이 시간과 동행한 시적 상황으로 과거와 현재 그리고 미래에 대한 세월의 개념을 상당한 예리한 감성으로 접맥(接脈)하고 있어서 옛 시인이 노래한 〈무정세월 약류파(無情歲月若流波)〉라는 덧없는 시간성에서 그는 추억의 파노라마를 회상하고 있다.
　그는 "수십 년을 한마음으로 달려 온 이 길/ 굶주림으로 흘린 눈물의 얼룩이/ 부스럼처럼 얼룩져 가슴 에이는가 하면/ 별처럼 빛나는 추억이 보석처럼/ 빛나는 기억으로 꽃길도 있었다"(「이 길」 중에서)는 그의 애련한 추억과 같이 세월이 남기고 간 삶의 흔적들이 지금은 회상의 언저리에서 그의 사유를 시적으로 유도하는 발원지가 되기도 한다.

오늘이 가면 내일
어제가 가면 다시 오늘
그래도 오늘은 어제의 오늘과 다르다
아가가 엄마가 되고
엄마가 할머니가 되듯이
시간의 품 안에서 현재는 퇴색 창조한다

꽃은 피고 지고
푸른 나뭇잎은 오색 단풍 지고
산천을 끊임없이 변화시키는 시간
진시황도 목숨을 내주고
못 이기는 힘을 가진
경악할 주술을 가지고 있다

수억 년의 시간이 지나며

해와 달이 생겨나고
수많은 동물과 인류가 만들어졌나니
시간을 어리석게 낭비한 자
시간의 놀라운 힘을 모른다면
죽비로 맞아도 억울함이 없으리라
──「세월」 중에서

   그에게서 "세월"은 다변적인 이미지를 제공하고 있다. 오늘과 내일이라는 시간의 변화에 따라서 생활환경이나 여건이 달라지는 세태의 현상에는 과거와 현재뿐만 아니라, 자연의 섭리와 순리도 자연스럽게 달리 형상화하는 시간의 위대함에 감탄 하고 있는 것이다.
   이 세월의 조화는 "아기가 엄마가 되고/ 엄마가 할머니가 되"는 인생행로에서 생성하는 하나의 생리적인 변화도 바로 "시간의 품안에서" 창조되는 진리의 순환으로 우리 인간들이 피할 수 없는 시간의 위력이라고 할 수 있을 것이다.
   그는 어제와 오늘, 내일에 대한 시간 개념에서 "산천을 끊임없이 변화시키는 시간"과 "수억 년의 시간" 등에서 시간의 힘을 모르고 낭비하는 자들에게 경종을 울리면서 시간의 위대함을 토로하고 있다.
   다시 그는 "세월이 화살처럼 가버린/ 나의 들녘에는/ 찬바람이 설치고/ 가버린 꿈은 저만치 멀어져 간다"(「이삭을 줍자」중에서)거나 "캄캄한 밤하늘에/ 둥근달이 떠서/ 그대 사랑한 다고/ 목청껏 소리를 치고 싶었다// 허나 구름이 다가와/ 보름달을 가려 어두워지니/ 사랑의 마음도 사랑의 약속도/ 시간은 벌써 흘러 보이지 않는다"(「잊어버린 고백」 전문)는 흘러버린 시간의 회상을 통해서 고백하는 그의 진실을 이해하게 된다.

이 순간은
순간과 순간이 더해서
꽃피고 지고
산새도 울고
구름도 흘러
비바람 눈보라도 지나
영원이 되나니
이 순간에 충실하고
뜨겁게 사랑을 하자
이 순간은 찰나이고 영원이다

고로
이 순간은
호흡이고
맥박이고
애정이고
행복이며
생명을 잉태하나니
삶 전체
바로 그 자체이다

――「이 순간」 전문

 그렇다. 김인녀 시인이 펼치는 시간의 파노라마는 찰나와 순간에서도 이어지고 있다. 눈 한 번 깜박할 사이에 지나가버린 현상들이 다채롭게 그의 뇌리에서 펼쳐지고 있다. 그 순간 순간이 바로 "호흡이고/ 맥박이고/ 애정이고/ 행복이며/ 생명을 잉태하나니/ 삶 전체/ 바로 그 자체"라는 단정적인 결론에 도달 하고 있는 것이다.

그는 다시 그리하여 "검푸르게 성나 날뛰는 파도야/ 따스한 금빛 햇살을 보라/ 내일을 향해 가슴에 불을 지펴라// 쌓아온 지난날의 값진 이상이/ 주눅 들어 헤매는 너를 부른다/ 푸른 하늘로 높이 힘껏 날자"(「새해」중에서)라는 어조로 시간성의 파노라마에서 새로운 희망을 외치고 있는 것이다.

  이 밖에도 작품「빈집」「빈잔」「빈 의자」등 텅 비어 있는 현상에서 허무의식이 세월과 더불어 생성하는 그의 의식의 흐름을 엿보게 하고 있다. 이러한 심경 내면에는 공허라는 궁극적인 심리적인 변화가 세월 속에서 용해되어 회상으로 재생하는 그의 시심을 이해하게 한다.

4. 자연 동화(同化)와 서정시학의 원류

  김인녀 시인은 서정시인이다. 그의 서정적 사유는 무한하다. 그가 착목(着目)하는 만유의 자연현상에서부터 주변의 환경 자체가 시정시학의 보고(寶庫)이다. 우선 그는 "길섶에 볼품없이 흩어져 밟혀도/ 죽지 않고 살아나 푸른 잎을 핀다// 흙먼지 뒤집어쓰고도 일어서/ 바람을 맞으며 잡초는 기쁘게 노래한다// 밭두렁 논두렁 산등성이 오솔길/ 온 세상이 행복의 무대다// 아무도 돌아보지 않아도 맘껏/ 꽃은 피고 향긋한 향기를 품는다"라는 「잡초」전문에서 감지할 수 있듯이 하찮은 잡초에서도 생명의 향기를 불어넣어서 생동감 있게 그의 시혼(詩魂)을 자극하고 있는 것이다.

  이처럼 그는 잡초라는 버려져서 짓밟히면서 살아가는 한 생명이지만 그 생명이 암묵적(暗黙的)으로 적시하는 이미지는 "온 세상이 행복의 무대"라는 그의 지적인 사유가 발현하여 서정적인 시법을 창출

하고 있어서 공감의 영역은 확대되고 있는 것이다.

꽃 피고 새 울적에
복사 빛 볼을 붉히던 시절
뒤뜰에서 깔깔대며 놀던
그런 때도 있었건만

아카시아 꽃향기
가슴을 가득 메우고
녹음이 짙어 갈 적에
오르던 뒷동산 외롭기만 하다

단풍은 변함없이
계절을 물들이건만
한 번 간 내 사랑은
소식이 없이 아득하기만 하고

빈 언덕에 홀로 서서
안개 너울 펄럭이며
부서진 추억의 조각 애달파
하염없이 눈물짓는다
――「언덕에 서서」 전문

   그는 언덕에 올라서 자연의 섭리에 감응하고 있다. 그에게는 꽃 피고 새 울고 '복사빛 볼을 붉히던 시절'도 지나가고 아카시아꽃이 만발하고 녹음이 짙어질 때에는 어쩐 일이지 '외롭기만 하다'는 심저의 변화를 느끼고 있는 것이다. 이러한 회고에는 소식이 단절된 내 사랑 '과' 부서진 추억의 조각 '들이' 하염없이 눈물짓는 형상이 그의 서정적인 의식을 이해하게 하고 있다.

이러한 이미지는 작품 「질경이」 중에서도 읽을 수 있는데 '사랑도 모르는 무지랭이/ 우악스러운 발굽이 짓밟아도/ 입 앙다물고 굴욕을 이겨내는 강인함이여' 라거니 「코스모스의 눈물」 중에서도 "코스모스 한창/ 하늘하늘 나부끼는/ 가을 되면 코스모스/ 슬픈 눈물 가슴 벅차오네"라는 등의 어조는 역경과 불운에도 절망하지 않고 살아가는 질경이와 코스모스의 애환이 바로 생명의 애착과 동시에 서정적 시학의 원류를 제공하고 있는 것이다.
　그는 다시 작품 「숨은 골짜기」 중에서 "멀리 들려오는 산새 소리/ 푸르른 나무 잎들의 속삭임/ 살찐 계곡에 흐르는 물소리/ 자연의 교향곡 울린다"는 자연과 동화하여 우리들에게 자연의 소리를 들려주고 있어서 그는 서정의 향훈을 진하게 흡인하는 정감(情感)의 시인이다.

맑은 공기 초록의 향기 질펀한
청정 숲속에 은하수가 내려와
반짝반짝 밤을 지샌다

부서진 조각들 구석구석 날고
식어가는 가슴에 잊었던 사랑이
따습게 불을 지핀다

기울어 가는 내 영혼의 등불에
다시 불붙는 열정 날개 달고
아련한 그리움이 아롱진다

어둔 밤 밝힌 그리움에 몸 사르고
그대 찾아 끝없는 사랑 길을
굽이굽이 헤맨다

--「반딧불이」전문

　이 "반딧불이"에서도 동류의 감응으로 작용하는데 이 그리움과 사랑의 지향점으로 변환하는 절묘한 시법이 시적인 상징이나 비유에 절창(絕唱)으로 응용하고 있어서 그의 자연관이나 우리들의 시적인 동화(assimilation)에 감동하는 마력을 제공 하고 있는 것이다. 이처럼 자연은 우리 인간에게 정서의 순응과 사회생활에도 좋은 혜택을 제공하고 있다는 낙관적인 심안도 있게 한다.
　그는 "기울어 가는 내 영혼의 등불에/ 다시 불붙는 열정 날개 달고/ 아련한 그리움이 아롱진다"는 반딧불이의 생명에서 성찰하는 그의 사유에는 반딧불이의 반짝이는 불빛은 바로 그가 소망하는 "그대 찾아 끝없는 사랑 길을" 대칭적으로 암시하는 함의(含意)는 시적인 효과를 가일층 상승시켜서 그의 진실을 감읍(感泣)하게 하는 원동력을 갖게 하고 있는 것이다.
　이 밖에도 작품「사랑의 성에꽃」「빗속을 걸으며」「아름다운 그대」「영그는 여름 꿈」「우정의 꽃 속에」등에서 적시한 그의 서정성은 자연개념을 우리 인간들의 생명과 동일한 정념(情念)으로 현현하는 시법은 오로지 인본주의의 실현에서 형상화하는 시적인 작용임을 이해하게 한다.
　김인녀 시인은 이 시집을 통해서 삶과 인생의 탐구에서 허무적인 가치관을 정리하고 이러한 현상은 시간성이라는 변화에 따른 그리움의 파노라마를 재생하면서 사랑학을 명징하게 정립하고 있다. 이러한 인생적인 추억들이 바로 자연 서정을 통해서 정감적으로 융합하는 이미지들이 결론적으로 존재의 의미를 인식하고 자성(自省)의 심리적인 시공(時空)을 스스로 조화롭게 형성하는 진실을 음미하는 심저(心底)를 엿보게 하고 있다.

누군가 말했다. 시는 아름답기만 해서는 모자란다. 우리들의 마음을 뒤흔들고 듣는 사람들의 영혼을 뜻대로 이끌어 나가야 한다는 옛 성현의 말을 경청하면서 더욱 좋은 시를 창작하기를 기원한다. 5시집 출간을 축하한다.*

창작동네 시인선 144

흐르는 강물처럼

인   쇄 : 초판인쇄 2022년 05월31일
지은이 : 김인녀
펴낸이 : 윤기영
편집장 : 정설연
펴낸곳 : 노트북 출판사
등   록 : 제 305-2012-000048호
본   사 : 서울시 동대문구 사가정로 256-4호 나동B101
전   화 : 070-8887-8233 팩시밀리 02-844-5756
H   P : 010-8263-8233
이메일 : hdpoem55@hanmail.net
판   형 : 신한국판형 P128_130-210

2022.05_흐르는 강물처럼_김인녀 제5시집

정 가 : 10.000원

ISBN : 979-11-88856-44-2-03810

*저자와의 협의로 인지는 생략합니다.
*잘못된 책은 교환해 드립니다.